प्रतिबिम्ब बोलते हैं

दुनिया समझने की एक निजी कोशिश

श्वेता बाजपेई

रेखांकन: आहाना यादव

ISBN 979-8-88909-910-9

अंतर्वस्तु

प्रेम और उसकी संभावनाएं 9

#1 प्रेम और पतझड़ 11

#2 अलविदा 13

#3 विरह 15

#4 समीप मेरे 17

#5 हृदय - दान 20

#6 अभिन्न 22

#7 तुम्हारे लिए 24

#8 दो पल 26

#9 तुम्हारी याद में 29

#10 तुमको पाकर 32

जीवन और सम्बन्ध 35

#1 समय की रिक्तता 37

#2 मेरी परछाई 40

#3 क्षमा 41

#4 घर 43

#5 अलविदा 46

#6 बसेरा 49

#7 मेरा सामान्य ज्ञान 50

#8 फर्क 53

#9 पाती 54

#10 बचपन 56
#11 महादान 58

स्त्रीत्व और स्वयं 61
#1 नियति 63
#2 सारा आकाश 65
#3 रणचंडी 68
#4 महामिलन 71
#5 न्याय 74
#6 स्वाधिकार 75
#7 बाबू की पाती 79
#8 मेरे सपने 82
#9 यादें 84
#10 बचपन 87

प्रकृति के सहस्त्र रंग 89
#1 मौसम 91
#2 वर्षा ऋतु 94
#3 आखिर वर्षा क्यों आती है? 97
#4 मेरा देश 99
#5 वसंत का स्पर्श 101
#6 नया वर्ष 104
#7 ठहरा हुआ शहर 106

इच्छाएं और अनुभूति 109
#1 आस, आशा, आस्था 111
#2 नवजीवन 113
#3 संग्राम 114
#4 भूचाल के बाद 116
#5 युद्ध 119

#6 प्रतीक्षा 121

#7 जिज्ञासा 123

#8 स्वार्थ 126

#9 चुनौती 128

#10 उसूल व अवसरवाद 131

#11 उदगार 133

#12 करुणा..................................... 135

प्रेम और उसकी संभावनाएं

#1 प्रेम और पतझड़

जीवन निर्दय निर्मोही है, यही सुना था वैतरणी है।

पार तो करना मुश्किल है, पर मित्र ढूँढना अकल्पनीय है।

जब तुम मुझे मिले तब सोचा, अपने संकोचों का बोझा,

क्यों तुमको मैं साक्ष्य करूं, अपने हित के लिए जियूँ।

विद्रोह हुआ जब तुमने अपने मन के वातायन खोल दिए,

और मेरे सारे स्थापित मापित प्रमेय तोड़ दिए।

इस गठबंधन में इंगित था, जीवन का एक आनंद नया,

मैंने अपने गलियारे में एक नया पृष्ठ सा जोड़ लिया।

इन दो दशकों की यात्रा में, हम हँसे कभी और रोये भी,

तुम कभी मेरे अभिभावक थे, रिपु कभी और मित्र कभी,

हमने अपनी प्रतियाँ भी रचीं, उनके अंदर जीवन देखा,

अब बस यह सोचा करते हैं, क्यों सपनों की बाँधें रेखा।

है प्रेम वही जो नहीं करता है तय, कोई भी सीमाएं,

हर वय में लगता है नवीन, बँधती नवीन हैं आशाएँ।

पर प्रेम की परीक्षा पतझड़ है, जब लगता नीरस जीवन है,

जब हर प्रसंग बेमानी सा, प्रेम बंधन जैसा लगता है।

हम एक दूसरे की कहानियाँ परस्पर पूरी करते थे,

अब निजी झरोखा भाता है, हम साझे को क्षय करते हैं।

पतझड़ में जो पत्ते टूटे उनका भविष्य किसने देखा,

जो हृदय विराग से टूट गये, उनका भविष्य फिर क्या होगा।

ऐसे में चलिये फिर वहीं चलें, जहाँ प्रेम सिर्फ़ मित्रता था,

साथ बड़ा ही प्यारा था, मार्ग एक चलचित्र सा था,

अपनी अपेक्षाएं मापें, बस प्रेम करें न चाह बाँधें।

पतझड़ नैसर्गिक अवसर है, यह प्रेम परीक्षा का पल है,

आपस में जो है नश्वर सा बस नींव वही अचल है।

वापस ना वह निर्मित करें जिसकी सामयिकता समाप्त हुई,

अपितु प्रेम को इक नया आयाम दें,

हर पतझड़ से लड़ सके, उसे मित्रता का नाम दें।

#2 अलविदा

कहने के बहुत से ज़रिये हैं मगर, कहना हो अलविदा तुम्हें
तो कैसे कहें?

होंठ खुलते हैं मगर कांप कर रह जाते हैं, लफ्जों को निकलने
की इजाज़त कैसे दें?

देहलीज़ पर तुम कब तलक रहोगे खड़े, पांव बाहर जो
निकालो तो हम कोई बात कहें ,

ना तुम में है इतना जज़्बा की गम को जज़्ब करो, ना मैं ही
हूं खुदा की खुद को रोक सकूं,

हवा का शोर है बस बीच अपने, पर मैं धड़कन की हर आवाज
कैसे कैद करूँ?

पढ़के सांसों को, तुम्हारी हैरत में हैं मेरी सांसें, कहीं दिल से
निकल जाने की ना जुरत ये करें,

कहने के बहुत से ज़रिये हैं मगर, कहना हो अलविदा तुम्हें
तो कैसे कहें?

होंठ खुलते हैं मगर कांप कर रह जाते हैं, लफ्जों को निकलने
की इजाज़त कैसे दें?

हैं कई शोख वादियों के रास्ते आगे, तुम मुझे भूल भी सकते
  हो वहां पर जाकर,

फिर क्यों कदम रोक कर रह जाते हो, मुझसे डरते हो या
खुद से, या रहते हो, हकीकत से डर कर.

यहाँ ढूंढो, तुम्हारी उँगलियों के हैं निशान यहीं, किसी डाली
पर कुरेदे होंगे हम दोंनों के नाम.

इनसे पूछो, ये कह सकेंगी तुमसे? नहीं ये बोल सकती तो,
हम अलविदा फिर कैसे कहें?

कहने के बहुत से ज़रिये हैं मगर, कहना हो अलविदा तुम्हें
तो कैसे कहें?

होंठ खुलते हैं मगर कांप कर रह जाते हैं, लफ्जों को निकलने
की इजाज़त कैसे दें?

#3 विरह

कहीं दूर मन भटक रहा है

कहने को तो देस नया है

फिर क्यों तुमको ढूंढ रहा है

बिरही मन फिर भटक रहा है

बंधन, रिश्ते, नाते छोड़े

तुमको छोड़ा था जब मैंने

हाथ छुड़ा कर भागी थी मैं

बन विहाग उस दूर गगन में

अहंकार यूँ छलक रहा था

मेरी वाणी मेरे मन में

पर अब क्यों, सब लगे अधूरा

दो नैनों के पिंजरे में ही

अच्छी लगती है ये मैना

ये जीवन अब नहीं मेरा है

बिरही मन फिर भटक रहा है

यहाँ नहीं है अपना कोई

बुनें ना आँखें सपना कोई

चिट्ठी में मैं क्या लिख दूँ कि

कम हो जाए अपनी दूरी

शाम घनेरी बाहें खोले

मेरे ऐसे असमंजस पे

धीरे धीरे किलक रही है

ये आँखें फिर बिलख रही हैं

कहने को तो मैं स्वतंत्र हूँ

पर मन बंधन मांग रहा है

कहीं दूर मन भटक रहा है

#4 समीप मेरे

आज हो तुम समीप मेरे, मेरे पार्श्व में बैठे हुए, गुनगुनाते
    हुए गीत कोई

उकेरते हुए जमीन पर, बूंदों से आकृतियां मेरी,

हम लिख रहे हैं सम्बद्ध उंगलियों से नाम अपने,

और हवा का वेग बहा ले जाता उन्हें, एक समझ के,

तुम गिरने नहीं देते, हिम कणों को लटों की इन लताओं से,

वह भी आतुर हैं, कितने मुट्ठियों में बंद होने को।

मेरी तरह वह भी चाहते हैं साथ जीवन का,

वह आमोद किसी के अस्तित्व में स्वयं के लुप्त होने का।

अनुमान है मुझे, यह अजनबी सा वातायन,

जो खुल गया है बीच अपने, जहां से झांक कर तुम पढ़ सकते
    हो स्वप्न मेरे।

हवा के यह हिंडोले और रुक जाए कहीं, कि पलभर खिलखिला
    लें साथ मेरे,

समा जाएं इसी क्षण में सभी आगत खुशियां, विगत संवेग
    सारे आज बह जाए यहीं,

मन तो होता है तुम्हें मांग लूं अगले पल से, और यूं ही मांगती रहूं हर पल समय से,

यही सामीप्य, यह अनुराग, जीवन की निधि है, और अगली बारिश की प्रतीक्षा तक मेरे लिए आज की स्मृतियां काफी है॥

#5 हृदय - दान

मेरे मन में एक बटोही, मुझसे हृदय का दान मांगता,

इक सीधा सच्चा निर्मोही, अपने प्रेम का मान मांगता,

पूछ के मुझसे मन ही मन में, आंखों को करके अमृतमय,

उर में करके स्नेह का संचय, मुझसे प्रणय का प्रमाण मांगता,

मेरे मन में एक बटोही।

छुपकर इन नैनों के पीछे, पलकों के पर्दे के नीचे,

लज्जा की छोटी खिड़की से, मुझसे थोड़ा अनुदान मांगता,

मेरे मन में एक बटोही॥

प्रेम का अंकुर फूटा मन में, स्नेह सुरभि थी अंतर्मन में,

अपने भाव प्रदर्शित करके, अब मुझसे परिणाम मांगता,

मेरे मन में एक बटोही।

मैंने दान कर दिया है दिल, यह सब कुछ लगता है कल्पित,

भिक्षुक कहीं नहीं मिलता है, मैंने सब कर दिया समर्पित,

भूल गया है वह अपना हिय, बनकर अब वह मेरा प्रिय,

मुझको रोज़ जगाता है, दान मांगने आता है,

अब मैं उसकी राह तकूँगी, मैं उससे भिक्षा मांगूंगी,

बन कर मैं भी एक बटोही, दान में मांगूंगी उसका हिय।

#6 अभिन्न

मैं रचना हूं, तुम रचयिता

मैं प्रेरणा, तुम प्रणेता

मैं रस हूं, तुम कवि पावन

मैं बूंद, तुम पहला सावन

मैं मधुर हूं, तुम मेरी मधुरता, है प्रेम की जिसमें प्रचुरता

मैं जीव हूं, तुम जीवन हो, मैं बादल, तुम पवन हो

मैं अंजन हूं, तुम नयन हो, मैं वधू तुम मेरा चयन हो

मैं प्यार हूं, तुम प्रीत हो, तुम गीतकार मैं गीत हूं

मैं सर्प हूँ, तुम चंदन हो, तुम स्पर्श मैं स्पंदन हूं

तुम भावुक हो, मैं भावना, तुम साधन हो, मैं साधना

मैं सीपी हूं, तुम समंदर, मैं हूं तुम्हारे अंदर

मैं नारी तुम सिंगार हो, मैं अतिथि तुम सत्कार हो,

मैं अग्नि हूं तुम अंगारा, मैं चांद हूं तुम मेरा तारा,

मैं किरण हूं तुम सूरज हो, मैं सरोवर तुम जलज हो,

मैं राग हूँ, तुम लय हो, मैं यौवन, तुम वय हो,

मैं कागज तुम कलम, है प्रेम की सीमा चरम,

आओ उस सीमा को पा लें, आओ अंबर में लहरा लें,

यूं ही अभिन्न बनकर सदा, हम प्रेम की ध्वजा फहरा लें।

#7 तुम्हारे लिए

मैंने चंद खत लिखे तुमको और मिटा दिए,

मैंने तुम्हारे चित्र लगाए हृदय पर और हटा दिए,

हमेशा के लिए मानस पटल पर से,

तुम्हारे पदचिन्ह मिले मुझको और मैंने दबा दिए,

तुम्हारे स्मृति-दीप दिखे और मैंने बुझा दिए।

नहीं समझ आया की तुम्हारे कितने चिन्ह हैं मेरे जीवन में,

मैं किनको मिटाऊँगी और किनको जिलाऊँगी,

तुम्हारे जाने के बाद जीवन को कोई नया रंग दे पाऊंगी।

मेरा अस्तित्व तो तुम्हारे उन कुछेक चिन्हों से ही है,

जिनको तुम जीवन में हटाने और मिटाने के लिए छोड़
    गए हो,

जाने किस दिशा में जीवन को मोड़ गए हो.

मैंने कुछ बंधन बांधे थे तुमसे, और कुछ सोचकर छोड़ दिए,

मैंने कुछ सपने जुटाए जीवन में और कुछ सोचकर तोड़ दिए,

अपने इस त्याग पर मैंने बहुत आंसू बहाये,

पर मुझे तो कुछ ना मिला, हाय, मेरा जीवन तिल-तिल कर राख हो गया,

मैं बन गयी कुछ बूंदों के लिए तरसती बया।

मैंने कुछ गीत लिखे तुम्हारे लिए, और कुछ सोचकर जला दिए,

मैंने अपनी आहुतियां दे दीं तुम्हारे यज्ञ में, और फिर कुछ सोचकर ये त्याग भुला दिए,

मैंने कुछ पराग जुटाया अपने फूल से हृदय में, और फिर समर्पित कर दिया, तुम्हारे लिए।

#8 दो पल

समय की मुट्ठी से चुरा कर अनमोल दो पल,

मैंने सोचा मैं जी लूंगी तुम्हारे साथ, कल, आज और कल.

कह सकूंगी वो, सुन सकूंगी वो, जो कह ना सकी, सुन ना सकी अब तक,

पर जब मिली तब चातक बन कर, तुम्हारे प्रेम के बादल के बरसने की राह तकती रही,

जब खिली तब कली बनकर तुम्हारे प्रेम के वसंत के आगमन को मैं तरसती रही.

गिर कर बन गयी एक चंचल आपगा, गंभीरता के अथाह सागर में मिलने को उतावली,

बन गयी एक सिन्दूरी शाम, तुम्हारे सानिध्य में होती जो गहरी सांवली.

बन गयी ओस की बूँद जो तुम्हारी गोद में गिरकर मोती हो गयी,

बन गयी धरा का कण जो तुम्हारे श्रमबिंदुयों को संजोती,

अपने अंतस्तल को फोड़ नयी बाली बन गयी.

हो गयी रात का चंदा, जो अपने सूरज के बिना, कितना अँधेरा, कैसा विलुप्त है.

हो गयी मैं अमरबेल, आकाश की ऊंचाई जिसका लक्ष्य, उसके प्रति जिसका प्रेम कितना गुप्त है.

तुम्हारी बातें, तुम्हारी आंखें, तुम्हारे चेहरे से तौलने में अपनी परिभाषाएं, अपनी संभावनाएं, मैं कैसी खो गयी?

उन दो पलों के सिरहाने सर रख कर मैं सो गयी.

पर जब उठी, नींद खुली, सपने टूटे, तुम नहीं थे...

मेरे पास सिर्फ मेरे अकेलेपन के कुछ लिफाफे थे,

जो तुम्हारी चिड़ियों का इंतज़ार करते करते थक गए.

और बेनाम ही उन दो पलों के साथ, समय के डाकिये के थैले में बैठ, उड़ गए.

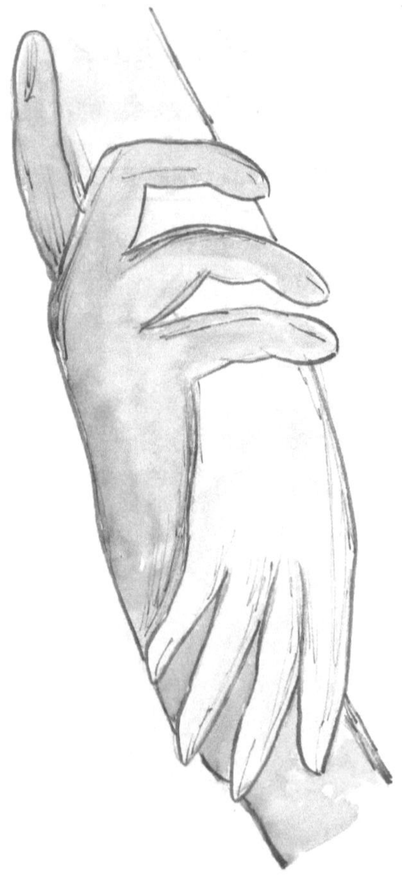

#9 तुम्हारी याद में

मैं वो किताब खोलती हूँ इसलिए, क्यूंकि उसमे तुम्हारा दिया हुआ गुलाब रखा है।

मैं पुरानी यादें टटोलती हूँ इसलिए, क्यूंकि उनमें मेरे हर सवाल का जवाब रखा है।

याद है वो तुम्हारे बालों में अपना चेहरा छुपाना, वो सिहर कर तुम्हारे हाथ को धीरे से दबाना,

वो चश्मे में तुम्हारे झांकना, खुद को बताना, तुम्हारी मेज़ को अपनी उँगलियों से थपथपाना।

अब मैं वो मेज़ छूती हूँ, इसीलिए, क्योंकि उसमें कहीं तुम्हारा एहसास बसा है।

अब मैं चश्मे में झांकती हूँ इसीलिए, क्यूंकि उसमें अब भी अपने रिश्ते का कफ़न धंसा है।

याद है, वो नदी तालाब में, फेंकना पत्थर, वो लिपट जाना तुमसे अलग होकर, घबराकर।

वो कुछ घण्टे तुम्हारे कमरे की देहरी पर, वो चढ़ना ऊंची छत के ठीक ऊपर,

अब, मैं उस नदी को देखती हूँ, इसलिए की उसमें कहीं तुम्हारा अक्स उतरा है।

अब, मैं उस खाली कमरे को ताकती हूँ, इसलिए, क्यूंकि उसमें कहीं तुम्हारा अस्तित्व छितरा है,

याद है, वो रात काली बहुत काली थी, जब मैंने तुम्हारी याद संभाली थी.

वो रात जब मैंने तुम्हारा देर तक इंतज़ार किया, वो रात जब तुमने मुझे छोड़ दिया.

मैं उस रात को याद करती हूँ, इसीलिए, क्यूंकि उस दिन तुम्हारा जिस्म जल गया था,

मैं उस रात को नहीं भूल सकती हूँ, इसीलिए, क्योंकि उस दिन हमारा प्रेम असफल हो गया था.

इन कुछ यादों के सहारे, जीवन काटना है, यूँ ही किताबों को खोलना, मेज़ को छूना, नदी को ताकना है.

और फिर इन्हें आंकना है, तुम्हारे चश्मे में झांकना है.

#10 तुमको पाकर

तुमको पाकर मैंने सोचा, आखिर मैं क्या हूँ? आखिर मेरा
ध्येय कहाँ है, खड़ी कहाँ पर हूँ?

सोचा मैंने, चाँद गुलाबी सपनों के इक झांसे में, जीवन ढाल
दिया कोमल से अरमानों के सांचे में.

क्या दुनिया में ख़त्म हो गए, लक्ष्य और मंतव्य खरे,

क्या अपने ही स्वार्थ हो गए, अपने ही कर्मों से बड़े?

क्या सर्वस्व होम कर देना, समसामयिक नहीं रहा?

भावनाओं की जिल्द में क्या मन कायर सा सिमट गया.

तुमको पाकर मैंने सोचा, आखिर मैं क्या हूँ? आखिर मेरा
ध्येय कहाँ है, खड़ी कहाँ पर हूँ?

पर वो बम जो फूट रहे हैं, राष्ट्र जो पल पल टूट रहे हैं,

उनको भाग्य से कौन बचाये, कौन हताहत होने आये?

कौन प्रिया के आलिंगन को छोड़, हाथ में ढाल उठाये?

क्षुद्र लक्ष्य जो भेद रहे हैं, खड़ी वहीं मैं भी हूँ क्या?

तुमको पाकर मैंने सोचा, आखिर मैं क्या हूँ? आखिर मेरा
ध्येय कहाँ है, खड़ी कहाँ पर हूँ?

एक तरफ चंदा की किरणें, इंद्रजाल फैलाती हैं,

और उधर सीमा से मानवता रो-रो चिल्लाती है.

गिरे हुए लोगों के नीचे जब पृथ्वी दब जाती है,

पाप कर्म की अमरबेल, जब स्वर्ग पे भी चढ़ जाती है.

तब चीख-चीख कर मर्यादा एक मसीहा मांगती है,

वह समय के गर्भ से, ईसा, राम, हुसैन मांगती है.

पर क्या होता, राम अगर सीता को अपना जीवन लक्ष्य
     मान लेते,

और अगर ईसा सूली पर जीवन होम नहीं करते.

हाय हन्त पर सीख नहीं लेता यह बेशर्म समाज,

छोड़ नहीं देता है क्यों, ये प्रेम और प्रणय का राग.

तुमको पाकर मैं सोचा, तुमको पाना व्यर्थ हुआ.

तुमसे मुझको प्रेम है तो, ये विश्व भी तो मेरा ही हुआ.

कर्त्तव्य मेरे, तुम्हारे प्रति, कल पूरे भी हो सकते हैं,

पर वो लाखों शोषित जान कल तक मर भी सकते हैं.

मेरे हाथ छोड़ दो तुम, मैं लक्ष्य पूर्ण कर पाऊंगी,

तुमको पाने से पहले, मैं अपना विश्व बनाऊंगी.

जीवन और सम्बन्ध

#1 समय की रिक्तता

समय कितना महँगा है और अपेक्षा कितनी सस्ती है,

खर्च मैं रोज़ करती हूँ, घड़ियों की सुइयां कसती हूँ,

तेज़, बहुत तेज़ भागती हूँ, हर मापदंड पर समय का निवेश मापती हूँ,

पर मेरा अपना समय, मेरे स्मित पर व्यय,

हमेशा रहता है संकुचित, क्या समय निष्ठुर है या अधिक माँगता है मेरा चित?

समय के सभी विभाजन करके भी, नहीं संतोष करती हैं अपेक्षायें

बाँधो तो मन हर्षित होगा पर उलट अपेक्षा खुद बांधेगा,

फिर पूरी न होने पर यह संबंधों को कम आंकेगा।

मैं रखती हूँ समग्र आकांक्षाएँ, पर उन्हें बांध कर हाथ मात्र हताशा पाई है,

करोड़ों अपेक्षाओं के एवज़ में, प्रेम पगे समय की दो घड़ियाँ हाथ आई हैं,

मैं सोचती हूँ समय को रोक लूँ उन अनमोल क्षणों के हित में,

जहां प्रेम परे है हर अपेक्षा से, जो खींचता है मुझे हर बंधन छुड़वा के,

मेरे शिशु की पहली किलक, मेरी माँ की महक,

पहाड़ों के अंक में पक्षियों की चहक,

मित्रों का निस्वार्थ सानिध्य,

और मेरे प्रथम प्रेम से मिलने की ललक।

उस पुस्तक का मिलना जो सखी है मेरी,

और कविताएँ रचना जो भाग्यवश नियती है मेरी।

इस निशाचर से जीवन में, हम निरंतर संतुलित करते हैं
    समय और अपेक्षा को,

किसकी परिधि को कितना है आंकना, समय की दुर्लभता को
    मिथ्या मानना,

पर सत्य अलग है, जटिल है, हल सीधा सा पर मुश्किल है।

जीवन जीना जिस कारण है, जो मुझे ऊर्जा देता है

वहाँ समय ना सीमा तय करता है, ना उत्साह मापता है,

वहाँ अपेक्षा और समय को तज दीजिये, मात्र अपने आप को
    बहने दीजिये,

वह ऊर्जा समय को विस्तार देगी और अपेक्षाओं की अराजकता
    को ध्वंस करेगी,

और क्या पता कितनी नई रचनाएँ, नए गीत, नए चित्र,

इसी कारण मिले कितने पुराने मित्र,

उपजें और हमारी उपलब्धता खोजते जीवन को,

एक नया समीकरण दे दें?

#2 मेरी परछाई

मेरी परछाई, मेरा अभिमान, मेरी अनुजा

जीवन के नव पथ पर, शर्मा और सकुचा,

रख रही है प्रथम पग, अपने जीवनसाथी के संग,

भरी हैं मन में समान सी विछोह और उमंग।

स्मृतियों के सब ढेर लगे हैं, चलचित्रों से स्पष्ट दिखे हैं,

वह बातें जो विस्मृत सी थीं, उनके अर्थ सजीव हुए हैं,

जो गोदी में खेलती थी, ढेर मुझसे लड़ती थी,

जिसके लिए सारी आशायें अमित थीं,

वह नवीन प्रतीत हुई हैं।

हृदय अभी करता है क्रंदन, सभी दिशाओं का अति वंदन,

सारी ऋतु से मधुर ऋतु है मिलन महोत्सव मृदु सलिल है

#3 क्षमा

क्षमा प्रभु - हम नतमस्तक हैं

नियति दिखाती क्या करतब है?

दौड़ लगाते जीवन में क्यों, भूल गए उद्देश्य गलत है?

जिन क्षमतायों पर गर्वित थे

उनकी सीमा ग्यात हो गयी

स्वतंत्रता जो अधिकार बनी थी

छिन कर वह भी, चाह बन गयी

क्षमा प्रभु - हम निमित्त मात्र हैं

खुद को कहते मुख्य पात्र पर

पृथ्वी के इस रंगमंच में, हम सिर्फ एक अग्यात छात्र हैं

सम्बंधों और भावनाओं के, मोहपाश कुछ और कस गए

प्रेम परीक्षा अभी ले रहा, सब प्रमेय विध्वंस हो गए

सृष्टि चक्र संहार रचयिता, चाहे पूजे कोई देवता

दर्दनाक इस दावानल में म्रिग और सिंह समान बली हैं

ध्येयहीन यह सोच रहे हैं, जीवन संबल कैसे लायें?

प्रभु मार्ग का दर्शन दे दो, निज हित के आगे बढ़ पायें

घनी निराशा हृदय विदारक , आशा भी हम से जन्मी है

क्षमा प्रभु - हम अभ्यार्थी हैं

#4 घर

कई तिनके, कई पत्थर, खून पसीना एक कर,

आदमी एक घरौंदा बनाता है,

उसको अपने हाथों से, अपनी मेहनत से सजाता है,

वो उसे अपना अभिन्न साथी समझता है,

कभी ना छूटने वाला हमराही समझता है,

वह उसे देख कर जीता, देख कर मरता है,

वह उसके हर अंग की मरम्मत खुद करता है,

उसे उस ईंट के ढेर से मोह हो जाता है,

उसे छोड़ने का गम उसे बहुत डराता है,

वह अपने घर की पूजा करता है.

एक दिन, एक बड़े ज़ोर की आंधी आई,

आदमी देखता रहा, मूक दर्शक बना,

उसका घरौंदा गिर गया, वह फिर मुसीबतों में घिर गया.

उसे संसार की नश्वरता, इस विश्व की क्षणभंगुरता का कोई
    ज्ञान नहीं था,

वह हमारे पाठकों के सामने विज्ञ, धीमान नहीं था,

सो उसने पास पड़ी मिट्टी को करा जमा,

उसके आंसुओं का ज़ार ज़रा सा थमा,

उसने किया एक अपना खून पसीने, फिर बनाया एक घर,

प्यार किया उससे भी ठीक उतना.

फिर उसको देख कर जीने लगा, मरने लगा,

और उससे बिछुड़ने के गम से वह फिर बहुत डरने लगा.

यूँ मानव ने यह सिखलाया, सुख दुःख हैं दो पल की माया,

रोना, शोक मनाना, क्षणभर, फिर जीना है लम्बा जीवन,

सो मत व्यर्थ करो आलाप, हाथ उठा कर मत करो विलाप,

उठ कर फिर निर्माण करो मन के भी अंदर, और बनाओं
आशा का एक नव नवीन घर.

45

#5 अलविदा

सजल नेत्रों से, बिछड़ने का आक्रोश, हृदयों में भरकर, विदा
   हो रहे हैं,

बरसों तक जो संग रहे, संग खेले, एक साथ खिले, वे साथी
   जुदा हो रहे हैं.

एक चौराहे पर मिले हम, जब एक दूसरे को जानते थे कम,

नहीं पता था, विरह की घड़ी दूर नहीं है, आशियाँ से जाने
   की घड़ी दूर नहीं है.

अब राहों को चुनने का लक्ष्य लेकर विदा हो रहे हैं,

संग बिताये पलों को नैनों में संजोकर, जुदा हो रहे हैं.

बिना किसी कलुष के साथी बने हम, मिटा दिया
   अज्ञानता, तम,

प्रगति पथ के हमराही बने हम,

अब अपने गुलशन को सजाकर विदा हो रहे हैं,

माली की भी आँखें नम हैं, हम, जुदा हो रहे हैं.

विगत वर्षों में कुछ खोया, कुछ पाया,

अपने त्याग पर कभी मन रोया, कभी हर्षाया.

जो बीज साम्राज्य का हमने था बोया, बन गया है
छायादार पेड़,

वही बीज जो हमने था बोया,

इस मिट्टी को सर झुका, करके प्रणाम, विदा हो रहे हैं,

आंसुओं को भरसक थाम, जुदा हो रहे हैं.

#6 बसेरा

एक दिन मैंने प्रातः देखा एक चिड़ियों का जोड़ा,

जमा-जमा कर तिनके कागज़ उन्होंने बनाया एक घोंसला,

एक माह के बाद था मैंने उसके अंदर झाँका,

पाया एक भूरा सा अंडा, लगता था नवजात शिशु सा,

चिड़िया उसको थी दुलराती और मन में इतराती,

उनके लिए इकट्ठे करके कीड़े, दाने लाती.

अण्डों में से कुछ दिन बाद निकल आये थे बच्चे,

कलरव करते थे भरपूर पर उड़ने में कच्चे,

चिड़िया सबसे कहती मेरे बच्चे कितने सच्चे,

इतने अच्छे बनेंगे ये जितने मनुष्य के बच्चे,

लेकिन एक दिन वक़्त ने था ज़ोरों का पलटा खाया,

बच्चे बड़े हो गए तब और उनको उड़ना आया,

छोड़ चले वे माँ का बसेरा, माँ को छोड़ वे उड़े गगन में,

और मैं भी फिर लगी सोचने, क्या फर्क है हम में
    और उन में?

#7 मेरा सामान्य ज्ञान

जीवन में हर संवेदना, हर भाव, हर एहसास,

स्वार्थ, अर्थ, हानि या लाभ नहीं होता.

जीवन में हर कदम लेने से पहले ठिठकना,

अक्सर अनिर्णय नहीं दर्शाता.

कुछ अभिव्यक्तियाँ, परिभाषाओं की बांदी नहीं होती,

कुछ दृष्टियों के उत्तर में कोई पलक नहीं झपकती.

आँखें अक्सर कथाएं कह देती हैं,

और होंठ अक्सर देहलीज़ पर काँप जाते हैं,

शब्द निकल कर हालात की सुई पर डोल जाते हैं,

मन की शह पाकर ही कुछ संकेत उपन्यास बोल पाते हैं.

हृदय की गुहार, मस्तिष्क के तर्कों से अधिक अमोल होती है,

बाहर की कठोरता प्रायः अंदर के ज्वर को छुपाने के लिए
खोल होती है.

नाटक करने की भी एक सीमा है, अगर जीना है तो भावुक
दुर्बलताओं के साथ जीना है.

कभी कभी एक इत्तेफ़ाक़ ज़िन्दगी बन जाता है, और अक्सर
इत्तेफ़ाक़ से ज़िन्दगी का मतलब कुछ नहीं रह जाता है.

कभी कभी जल्पनाएँ जीवनियां लिखवाती हैं,

और कल्पनाएं, वह सपनों की स्याही से खूब चित्र बनाती हैं.

हर आभास मजबूरी नहीं होता, वो तो बाध्य कर देता है हमें,
स्वयं को परिभाषित करने के लिए.

पर हृदय मस्तिष्क का टकराव बहुत पुराना है, और असल
में हमें दोनों के ही साथ निभाना है.

आभासों और आहटों का महत्व मत भूलिए, और मत भूलिए
की आभासों से कोई लक्ष्य नहीं मिलता.

इसीलिए, लक्ष्यों के लिए, आभासों को है, मरना पड़ता.

#8 फर्क

तुम राजा थे, जग के पूरक, मैं एक रंक था आवारा,

तुम धन दौलत के स्वामी थे मैं चंद कौड़ियों का राजा,

तुम भव्य वस्त्र में सज आये, चन्दन की लकड़ी तन पर थी,

मैंने फटे पुराने वस्त्रों में, लकड़ी भिक्षा में मांगी थी,

जब अग्नि जली थी, दोनों में, तुम दाह हुए धू-धू करके,

सुलगी मेरी लकड़ी कोने में, दो अश्रु बहे ना रोने में,

फिर राख बनी तेरी-मेरी, एक जैसी राख तो थी अपनी,

अस्थि भी वही श्वेत प्रस्तर, है ये समानता अलबेली,

तुम भी मिटटी, मैं भी मिट्टी, है फर्क कहाँ राजन बोलो,

फिर जग बनाये समाधी, चाहे स्थापित हो मूर्ति तेरी,

अंतर मिट गया बीच अपने, जब राख मिली मेरी तेरी.

#9 पाती

दूर से भेजी है रामू के लाल ने ये पाती, रामू की बूढ़ी आँखों की एकमात्र बाती,

लिखा है, बाबा, किन्हीं कारणों से, ना भेज पाऊंगा तुम्हें सौ रुपये,

मुन्नी को देखने की ज़िद कर रहा था, फोटो भेज रहा हूँ, आप देख लें.

बहू भी कुछ कारणों से आ नहीं पाएगी, इसीलिए आपने जो मंगवाया था कम्बल, ला नहीं पाएगी.

माँ को यहाँ भेज दीजे, बहू को होती है बहुत परेशानी,

संग भेज रहा हूँ टिकट ले लीजे, छुट्टी लेकर गयी है हमारी नौकरानी.

आगे और क्या कहूँ, अब रख रहा हूँ, हाथ में है दर्द लिखते लिखते थक रहा हूँ.

रामू ने पढ़ी पाती, वही उसके जीवन की एकमात्र बाती,

कुछ सोच कर गुनने लगा, जवाब वह बेचारा,

खेत से आ रहा था वो काम करके, था बहुत थका-हरा.

उठा कर कागज़ गया डाकखाने, बाबू से जा कर चिट्ठी लिखवाने.

लिखवाया, प्यारे बेटा, नहीं है मुझको गम है सौ रुपये
भेजने का,

शौक मुझको नहीं है कुछ भी सहेजने का.

मुन्नी की फोटो नहीं, मुन्नी को भेज दो,

कम्बल ना सही, पर बहू को आने दो.

हो सके तो बेटा, तुम भी आ जाना, चाहो तो अपनी माँ को
संग ले जाना.

कर लेगी वो भी तुम्हारा काम सारा,

मैं लिखूंगा क्यूंकि मैं नहीं हूँ थका हारा.

हो सके तो किसी अच्छे डॉक्टर को दिखाना, हाथ ठीक हो,
तभी घर को आना.

पर बेटा इतनी देर मत लगाना,

कहीं ऐसा ना हो, फिर तुम्हारी चिट्ठी आये, और बिना देखे
बेटे को, घर हमारी मिट्टी आये.

#10 बचपन

पुरानी दुकानों में देखे खिलौने, जो बचपन में मैंने छत पर
    थे खेले

गलियों के कोनों पर चूरन के ठेले, जहां अठन्नी में काँपट
    खरीदे

शहर का सबसे बड़ा चौराहा जहां से बसों ने कई बार घर
    उतारा

स्कूल का मोड़ जहां साइकिल सुस्ताते थे, कॉलोनी का पार्क
    जहां दौड़ लगाते थे

अब वो नहीं है पर मैं यही हूँ, अपनी स्मृतियों के परिद्रुश्य
    में खुद को ढूढती हूँ

होली में रंगों से भीगे थे हाथ, घर की दीवारों पर अब भी
    है अंकित

गुलाबी से जिनके निशानो की छाप

ढूँढ कर निकाली हुई पुरानी पिचकारियाँ जिनपर

उकेरे थे मैंने अपने उपनाम

अबीर और गुलाल बहाने से थे बस, रंगीन करने को माघ
    का ये मौसम

घर पर बनाना वो सांचें से घुझियां, गरम समोसे की ताक में
   रसोई की चहलकदमियां

अब वो नहीं है पर मैं यही हूँ, अपनी स्मृतियों के परिदृश्य
   में खुद को ढूढती हूँ

घर पर मेरा समकाय है कटहल का पेड़, बढ़ गया है फांद
   कर दीवार और मुंडेर

अपनी शाखाओं को वह रोकता नहीं, छाँव के विस्तार को
   बटोरता नही,

उसकी जड़ें मेरे घर की नींव में विस्मृत हैं.

उसका अस्तित्व स्वतन्त्र नहीं पर उसकी पहचान स्वच्छन्द है

इस घर की स्मृतियां उसका बल उसका आनंद हैं

वह देखता अवश्य है आकाश के सम्मुख, पर उसकी जड़ें
   रहती हैं अपने उदगम में विलुप्त

अब वो नहीं है पर मैं यही हूँ, अपनी स्मृतियों के परिदृश्य
   में खुद को ढूढती हूँ

#11 महादान

इंद्रधनुष के सातों रंग, तुमने देखे होंगे पर मैंने नहीं.

सूरज की लालिमा, पेड़ों की हरीतिमा, तुम दृष्टा होगे पर
मैं नहीं.

चेहरे के भाव, अभिनेता का अभिनय, तुम समीक्षक होगे पर
मैं नहीं.

किसी से प्रेम का निवेदन, निगाहों में, तुमने किया होगा पर
मैंने नहीं.

पेड़ों को उगते, बढ़ते और मरते, तुमने देखा होगा पर
मैंने नहीं.

अपने हाथों की लकीरों से कुछ, तुमने समझा होगा पर
मैंने नहीं.

सब रंगों में अपने पसंदीदा को तुमने चुना होगा पर मैंने नहीं.

प्रकृति की छटा, पर्वत की ऊँचाई को, तुमने भांपा होगा, पर
मैंने नहीं.

अपनी लेखनी से चाँद कविताएं, तुमने लिखी होंगी पर
मैंने नहीं.

बड़े से कैनवास पर रंग भरे चित्र, तुमने बनाये होंगे पर
मैंने नहीं.

इन सब नहीं का कारण जानते हो, मेरी मजबूरी को
पहचानते हो?

तुम इस नहीं को हाँ कर सकते हो, तुम मुझे अपनी दृष्टि
दे सकते हो.

स्त्रीत्व और स्वयं

#1 नियति

मैंने अपने मुंह से कुछ कहना चाहा, पर मुझे चुप कर दिया गया,

मैंने कुछ करना चाहा पर मेरे हाथों को काट दिया गया,

मैंने कुछ लिखना चाहा, पर मेरी कलम को तोड़ दिया गया,

मैंने स्नेह देना चाहा, पर मेरे हिय को पाषाण बना दिया गया.

मैंने इस विश्व को नयी दृष्टि से देखना चाहा, पर मेरी आँखों पर पट्टी बाँध दी गयी,

मैंने कुछ गुनगुनाया, पर मेरी आवाज़ पर छुरी साध दी गयी,

मैंने कुछ सोचना चाहा, पर मेरे मस्तिष्क को जकड़ दिया गया.

मैंने गगन चूमना चाहा, पर मेरे पंख काट दिए गए,

मैंने स्वयं को समेटना चाहा, पर मेरे स्वप्न बाँट दिए गए.

मैंने जब उत्तर माँगा, तो दिया गया बस एक जवाब,

चुप रहना और झेलना, छोड़ देना हर चाव,

यह तो स्त्री की आजीवन विवशता है, उसकी जन्मजात नियति,

जो तोड़ देती है उसे, रोक देती है उसकी हर अभिव्यक्ति,

पर मैं ऐसे न्याय को, ऐसी नियति को, स्वीकार नहीं करती,

इसे भाग्य मानकर, यूँ ही जी नहीं सकती,

समाज के ये कर्ताधर्ता, तय करते हैं क्यों मेरे नियम,

स्त्री की पूँजी है क्या आखिर? लज्जा या संकोच, शर्म?

मैं नहीं मानती, ये थोथे नियम, ये व्यर्थ के प्रमेय,

मेरा स्त्रीत्व मेरी संपत्ति है, मेरा गर्व, मेरी शक्ति है,

जीवन में मेरे, जुड़ गया, एक और ध्येय,

उबारना समाज को ऐसी कई नियतियों से,

तोड़ देना व्यर्थ के ये नियम, ये प्रमेय.

#2 सारा आकाश

जो सब कुछ तुम ले जाओगे

पास मेरे क्या बच जाएगा

नए नए चिकने पंखों को

अगर काट कर ले जाओगे

मुझपर ये आकाश हंसेगा

जो सब कुछ तुम ले जाओगे

नहीं पास अधिकार बचेगा

ना कोई अस्तित्व बचेगा

ना ही कोई स्वप्न बचेगा

बस मैं तुमसे जुड़ पाऊंगी

क्या जीवन की यही है आशा

मेरे इस अंतर्मन ने जो

बांधे थे ख्वाबों के डोरे

ऊंचा उड़ने की अभिलाषा

क्षितिज से भी ऊंचे कुछ सपने

अगर सिर्फ अभिसार बचा है

जीवन में बस प्यार बचा है

तो क्या जीवन व्यर्थ नहीं है

मेरा और तुम्हारा, साथी...

अगर मुझे कुछ दे पाओ तो

उड़ने का अधिकार ना छीनो

मुझसे मेरा विश्व ना छीनो

ये सारा आकाश ना छीनो

#3 रणचंडी

कोयला बनूँ कि राख बनूँ, जीवन में कभी तो आग बनूँ

बैसाखी से ना पंगु बनूँ, माना कि मैं क्षणभंगुर हूं,

श्रम से दैविक अवतार बनूँ,

या तीर बनूँ, तलवार बनूँ, जीवन में कभी संघार बनूँ.

फूलों से कोमल हाथों को, मैं लाल तपा अंगारों में,

अंकित कर दूँ इन चिन्हों को, अपने घर की दीवारों पे,

फिर विष से अभिषेक करूं, चामुंडा का तेज बनूँ,

या घात बनूँ, प्रतिघात बनूँ, जीवन में कभी आघात बनूँ.

विचारों को बहुत तोड़ा मरोड़ा संकीर्णता में, हुए धुंधले मेरे
आसार आधुनिक विकीर्णता में,

संस्कृति की दूत प्रखर बनूँ, साहित्य की टंकार बनूँ,

या सार बनूँ, विचार बनूँ, जीवन में कभी साकार बनूँ,

रक्तिम हो जाए भूमंडल, बस सर्प रहे ना हो चंदन,

ऐसी धरती में नारी का सर्वोच्च रहे महिमामंडल,

जग जीवन मेरा नहीं रहा, मैं खुद अपनी प्रतिहार बनूँ.

शोला, सीसा, लोहा या वज्र, मैं तपी ईंट, कटार बनूँ,

इस अप्रतिम रूप पर गर्व करूं, मैं पृथ्वी का आधार बनूँ.

तांडव कर डालूं धरती पर, रणचंडी का अवतार बनूँ.

कोयला बनूँ कि राख बनूँ, जीवन में कभी तो आग बनूँ

#4 महामिलन

सरिता यूँ सागर से बोली, मीत मेरे, मेरे हमजोली,

कल मैं अपना वेग बदलकर, अपनी राहें छोड़ मचल कर,

तुमसे रूठ चली जाऊं तो, और ना फिर वापस आऊं तो,

कल हम तुम ना मिल पाएं तो, यह महामिलन का क्या
होगा?

तुम पानी और मैं पानी हूँ, तुम ज़्यादा मैं थोड़ी सी हूँ,

पर तुम नर हो, मैं नारी हूँ, गर्वीली, थोड़ी सी हठी हूँ.

मेरा स्त्रीत्व सुप्त था अब तक, अहम् आवरण में था
कल तक,

स्वाभिमान जो जाग गया तो, प्रीत-रीत के उस नैसर्गिक से
प्रहसन का क्या होगा?

कल हम तुम ना मिल पाएं तो महामिलन का क्या होगा?

मैंने कभी मोल ना माँगा, सागर की सीमा को ना लांघा,

पर तुमने मुझको रत्नाकर, दी है आखिर क्या निधि लाकर?

आलिंगन का नहीं, मुझे तुम समदृष्टि का दो अधिकार,

बात करो तुम मेरे हिय की, मत देखो मेरा आकार.

मैं मनु की जननी कहलाऊँ, पर तेरी दासी बन जाऊं,

भेदभाव मन बदल गया तो, इस प्रचंड आवेग, महकते इस
    यौवन का क्या होगा?

कल हम तुम ना मिल पाएं तो महामिलन का क्या होगा?

सागर भी थोड़ा मुस्काया, प्रिया-कोप से मन बहलाया,

फिर बोला, सुन नदिया मेरी, तुम सी है यहाँ और कई भी,

तुम में स्वः जागा है अब तो, जागेंगी सब सरिताएं भी,

किसने तुमको यह सिखलाया, प्रिय तुम सुन लो कथन
    ज़रा सा,

गर तुम मुझसे रूठ गयीं तो, धाराएं ये टूट गयीं तो,

मेरा ना अस्तित्व रहेगा, ये सागर कल नहीं बहेगा.

इस पर सरिता पिघल गयी बस, सारा स्वः वह भूल
    गयी अब,

मैं ना रहूँ, तुम रहो हमेशा, तुम अमोघ, अबाध ही बहना.

मैं तुमसे तो श्रेष्ठ सही हूँ, पर मैं तुमसे प्रेम करती हूँ,

प्रेम मुझे बांधे बैठा है, अहम् मेरा फिर भी ऊंचा है,

पर ये बंधन कट जाए ना, इसको बांधे रखना सजना.

क्यूंकि कल ये टूट गया तो प्रणय-वचन का क्या होगा?

मानव की इस वसुंधरा पर परिणय, बंधन का क्या होगा?

कल हम तुम ना मिल पाएं तो, महामिलन का क्या होगा?

#5 न्याय

सीते, बरसों बरसे छाल को वर्षा की तरह जाने दो,

सीते, तरसे तरसे राम के मन को प्रायश्चित पाने दो.

की धरती माँ का पुत्र बन धरती की बेटी स्वीकारी,

फिर क्यों विध्वंसक रावण बन उसी को बनाया षड्यंत्र का अधिकारी.

खुद को निरंकुश मत कहो, राम, क्यूंकि लोग जिसे मर्यादा पुरुषोत्तम कहते हैं,

लोग जिसे निर्बल का रक्षक कहते हैं, वही आज क्यों झूठ को सच मानेगा.

वही राम शायद आज सीते तुझसे न्याय मांगेगा.

बिलख-बिलख कर लव कुश की दुहाई देगा,

माता पिता स्वजनों की भरपाई देगा,

मस्तक पटक-पटक कर खुद को लहूलुहान करेगा.

लेकिन सीते तुम उसको, उसके प्रेम को फटकार देना,

सीते, इतिहास बादल कर आज तुम राम को दुत्कार देना.

#6 स्वाधिकार

अब देर होती जा रही है, शाम ढलने लग गयी

फिर क्यों नहीं बजती स्वपन में भी तुम्हारी बांसुरी

कुम्हला गए हैं पुष्प, पल्लव, अशक्त है वसुंधरा

और मेरे हाथों में नहीं कुछ, सिर्फ स्मृतियों के सिवा

मैं बाट जोहती राधा, अशक्त अकेली राधा

विश्वास है की तुम अभी झुरमुट के पीछे

हँसके मुझपे, फिर झलक दिखलाओगे

और फिर उन्ही अठखेलियों से तुम मुझे बहलाओगे

पर मैं कब तक यूँ अकेले, बस स्वपन में ही जियूं

प्रेम है पर प्रार्थना से यूँ विवश कब तक रहूँ

मैं बाट जोहती राधा, अशक्त अकेली राधा

क्या इतना अशक्त और विवश मेरा प्रेम है

की तुम नहीं आते, न आती कोई कुशल क्षेम है

ये सत्य है राधा का जन्म, सिर्फ तुमसे है जुड़ा

पर मेरा क्या कोई भी स्वंतत्र अस्तित्व है यहाँ

मैं बाट जोहती राधा, अशक्त अकेली राधा

इन रूखी अलकों, भीगी पलकों, सूखे होठों से कहो

प्रस्तर हुई इन वेदनायों, भावनाओं से कहो

की अब नहीं आओगे तुम, और व्यर्थ है इनका ये त्याग

तुम, तुम्हारी बांसुरी, हो गयी व्योम में व्याप्त

मैं बाट जोहती राधा, अशक्त अकेली राधा

राधा की अब कौन सुनेगा, बिना कृष्ण के कैसी राधा

जीवन तो है चपल सदा ही, वो कब किसके लिए रुकेगा

तुम अपने माहात्म्य और त्याग में यूँ लुप्त थे

की कृष्ण तुमने आप ही राधा को निकृष्ण कर दिया

मैं बाट जोहती राधा, अशक्त अकेली राधा

मैं मंदिरों में रख कर पूजी जाऊंगी सदियों सदा

पर जिस पल तुम मेरे पार्श्व में नहीं होगे

मेरी मूरत को कौन पूछेगा

शायद मेरा स्वार्थ है जो मांगती हूँ स्वाधिकार

पर क्या करूँ मैं ईश्वर नहीं तुम्हारी तरह

मैं बाट जोहती राधा, अशक्त अकेली राधा

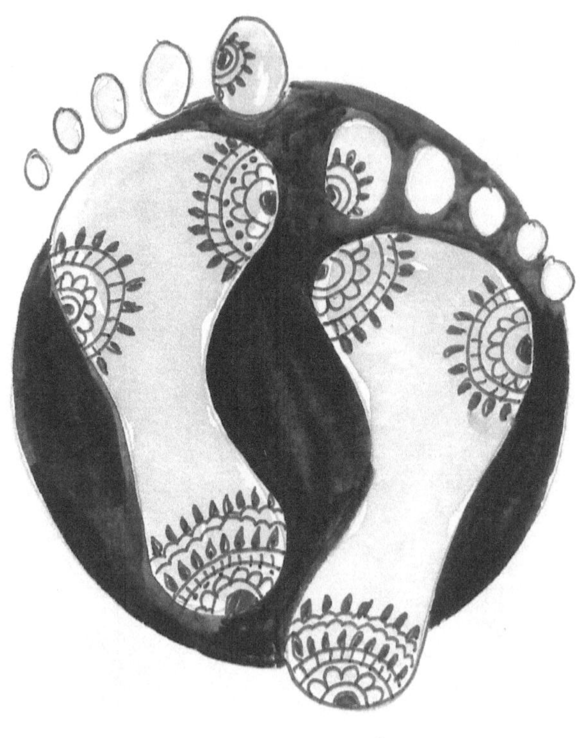

#7 बाबू की पाती

मैं तुम्हारे शरीर का अंश हूँ बाबू, पर बेटी हूँ, इसलिए तुम्हारे
  हृदय का दंश हूँ बाबू,

तुम्हारी गोद में खेली, मैं फूल सी हलकी हूँ,

पर तुम्हारे लिए मैं एक भार हूँ बाबू.

आँगन में तुम्हारी मैं हुई बड़ी, लता सी बढ़ी,

और अब तुम्हारे समक्ष में करने को व्यापार हूँ बाबू.

फिर तुमने मुझे परायी मान, कहीं और, सात समंदर
  भेज दिया,

कुछ गिन्नियों, कुछ कौड़ियों, कुछ सोने के तोल, बाबू, तुमने
  मुझे बेच दिया,

मैं रोई नहीं, क्योंकि मेरे जीवन की छोटी सी दुकान के,

तुम ही तो दुकानदार हो बाबू.

उन्होंने मुझे मारा, मुझे पीटा, मुझे सताया,

और जब मैं ना मानी, तो मुझे आग में जलाया,

आज मैं झुलस रही हूँ, पर तुम क्यों रो रहे हो बाबू.

तुमने ही तो चिंगारी लगायी थी, आज तुम ही बिलख रहे
  हो क्यों,

मैं तो चली जाऊँगी, तुम कातर क्यों होते हो यूँ,

मैंने न्याय कभी ना माँगा, कभी तुम्हें आतताई कहा ना,

पर आज नहीं रुक पायी बाबू,

बिलख बिलख मैं बिफर उठी हूँ, जीवन में पहली बार कुछ
मांग रही हूँ,

मुझे न्याय दिला दो बाबू, मुझे मुक्ति दिला दो बाबू.

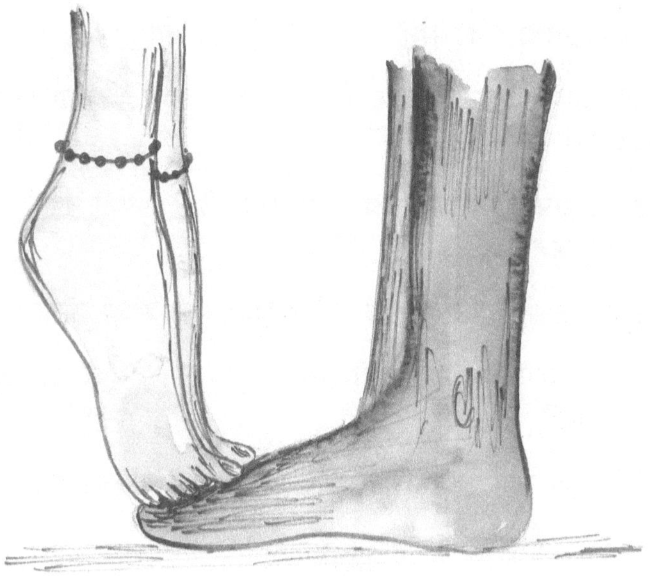

#8 मेरे सपने

अगर कुछ कहने से पहले सोचना मेरे बस में होता,

तो मैं विचारों को मन की लटाई में बाँध लेती,

और अपने मानस पटल पर उड़ने देती अपनी इच्छाओं की
    पतंग,

अपने सपनों के खाली खाके में उतार देती अपनी कविताओं
    के रंग,

अगर‌ अपने उड़ते हुए मन को बांधना मुझे मंज़ूर होता,

तो मैं इस जीवन को अपने समर्पण के यज्ञ में यूँ ही झुलसाए
    जाती,

जब तक राख उड़-उड़ कर, मेरे विचारों को रंगहीन कर,

उन्हें बदलने पर विवश ना कर देती.

अगर मैं जीवन के प्रवाह से उलट बह सकती,

किसी अंधी दौड़, किसी होड़ में ना भागती,

तो मैं पीछे पलट कर, सितार के हर तार को अपनी उँगलियों
    में बाँध कर,

समय को यह अधिकार दे देती की वो मुझे अपने साथ उड़ा
    ले जाए.

अगर अपने अंदर के आंसुओं को मैं अपनी मुस्कान में छुपा
सकती,

अगर मुंह की शिकन को उबलते पानी की भाप समझ उड़ा
सकती,

तो यह ज़िन्दगी मात्र अभिनय बन कर रह जाती,

मेरे अंदर की अभिव्यक्ति, अंदर ही अंदर, मर जाती,

अगर संभव होता काटना, जीवन नितांत अकेले,

ढूंढती नहीं मैं, वीरानों में अपनों के मेले,

तो मुझे पग पग पर झुकना नहीं पड़ता,

प्रेम की एक बूँद के लिए, इस तरह, हर सोते पर रुकना
नहीं पड़ता,

अगर सारे काश और सारे स्वप्न मुट्ठी में होते तो क्या नहीं
हो सकता था,

पर मेरे पास मेरे अपने कुछ अरमान हैं,

मुझे उन पर गर्व है वो नहीं किसी का दान हैं,

बस उन्हीं के सहारे चलते रहना है,

जीवन के प्रवाह में, किसी सपने की चाह में, अनवरत बहते
रहना है.

#9 यादें

कल जब बरबस, यूँ ही अचानक, गुज़र गयी मैं नीम तले,

याद आ गया, सावन में जब, इसी पेड़ पर झूले पड़े,

याद आ गया, लाल किरण में, सजी वो लड़की छोटी सी,

हाथ में कंगन, पैर में पायल, गोद में गुड़िया मोटी सी,

याद आ गया, वो आमों के बागों में छुपकर,

माली के पीछे से जाकर, आम तोड़कर,

खाना सब से चुराकर दिवाली की मठरी,

उठाना नज़रें बचाकर, वो नए कपड़ों की गठरी.

याद आ गयी पहली बारिश, काढ़े में डूबी वो गले की खारिश,

याद आ गयी माँ की झिड़की, बाजार में खुलती कमरे की
    खिड़की,

याद आ गयी बचपन की वो छोटी छोटी शैतानी,

माँ कहती थी मुझसे जो, वो परियों के जैसी बानी,

वो जाने झूले और मेले, वो खेल जो पहले खेले,

याद आ गयी अपने मन में छुपी ढंकी मीठी यादें,

याद आ गयीं दिल को जो छू लेती थीं ऐसी बातें,

आंसूं याद आ गए और खुशियां भी ना भूल सकीं,

बीत चुके इस बचपन में अभी बहुत कुछ बचा बाकी.

पर यह पन्ना छोटा है उन बातों को लिखने के लिए,

वो पल जिनके लिए मरें और उन्ही के लिए जियें,

ऐसे पल मेरे मन की किताब में बस यूँ ही जमा रहे,

जिल्द बदलती रहे मगर अक्षर कभी नहीं बदलें.

अगर पकड़ ना सकूं सही लेकिन बस मैं थाम सकूं,

उस पतंग को उस डोरी की जिसको बचपन कहते हैं,

कुछ लिख कर कम से कम हम उसे दोबारा जी सकते हैं.

#10 बचपन

मुझे याद आता है अपना बचपन, बड़े होने की इच्छा थी जब,

पूरी हो गयी है तो शोक मानती हूँ, वह क्यों बीता संताप
करती हूँ.

जिन झूलों के लिए झगड़ी थी मैं, अब बैठती हूँ तो झिझकती
हूँ, शर्माती हूँ,

अकेले में मैं उनके ढेर सारे चित्र बनाती हूँ.

महीनों बाद जब लगता था सावन का झूला,

घर में आँगन में जैसे लगता था मेला.

अब भी लगता है पर अब मैं नहीं शामिल उसमें.

कुछ भी मैं त्याग दूँ मुझे बचपन दे दे, किसी ने खूब कही.

जब माँ की गोद मुझे दुलराती थी, दादी मुझे सहलाती थी.

पर अब तो उन मोटी किताबों के बीच ज़िन्दगी दबी से रह
गयी है,

ठहर जा ज़िन्दगी, अब रुक, मुझे पीछे जाना है, बचपन का
वो प्रेम रस ढूंढ कर लाना है.

प्रकृति के सहस्त्र रंग

#1 मौसम

हर कलाकार की कृति एक मौसम ढूंढती है,

वर्षा में कुछ कूचियां तेज़ चलती हैं,

गर्मियों के अवसान में कुछ लेखक विद्रोह लिखते हैं,

जबकी पतझड़ में कवि विरह के गीत बुनते हैं।

शीत को प्रेम करना बहुत कठिन है, पर शीत और मेरी
    मित्रता कुछ भिन्न है

जब कोहरा सूरज को ओढ़ लेता है, और धूप लजाती नव
    विवाहिता सी, कहीं छुप सी जाती है

मेरी रचनाओं की जीवंतता नयी उमंग पाती है

पुरानी स्मृतियों के पकवान - वह मुरब्बे, अचार, गाजर
    के हलवे, गरम लिहाफ, दुशाले, जुराबें और मफलर
    के बल पे,

मैं अपने कल और आज को जोड़ पाती हूँ,

अपने जीवन के स्मित को, भविष्य के निमित्त को,

कुछ पंक्तियों में व्यक्त कर, अभिव्यक्ति पाती हूँ

शीत संवाद करता है सक्षम, बीच उनके जिनके पास है जीवन
    के सारे चयन,

जिनके पास हैं अपने परिवार के सब प्रियजन, और वह
जिनकी ठिठुरन को प्रेम का लिहाफ चाहिए

दया नहीं अपने चयन के अधिकार को बांटने का प्रमाण
चाहिये।

साल का अंत ही है शीत का पर्यन्त

वह सारे वादे जो खुद से किये थे, निर्णय निरंतर युद्ध
कर रहे थे,

वर्षांत मैं पलट कर देख पाती हूँ और आने वाले साल की
योजनाएं उल्लेख पाती हूँ,

और हर वर्ष की तरह मैं यही संकल्प करती हूँ,

रचनाकार हूँ रचनायें लिखने का प्रयत्न करती हूँ।

#2 वर्षा ऋतु

उठ रही है जाने कैसी स्निग्ध खुशबू स्वर्ग की,

मचल रही हैं कोमल पंक्तियाँ पाने को मदिरा थोड़ी सी,

टपक रही है जो बदल की लचीली सुराही से,

लिखी जा रही है एक कथा, साहित्य की स्याही से.

दीपशिखा प्रज्ज्वलित हो रही है, कोई नयी रचना प्रकृति को
    समर्पित हो रही है,

रेशमी जालों के धागों को तोड़ रही हैं बूँदें,

कहते हैं भँवरे, आओ भीगी कोंपलों को छू लें.

विकासोन्मुख है हर तृण, कर रहा है वृक्ष भी कोई नया प्रण,

सूर्य छुपा बैठा है आवरण में, जीवन लगा है जागने हर एक
    कण में,

सोंधी महक मिट्टी की, मादक बनती धरा को,

छिटपुट जलबिंदु रास्ता देते इंदिरा को.

कलियाँ कलों पर मधुर गीत ला रहीं,

रंगीन किरणें गगन में जाने क्यों छा रहीं.

मुस्कुराती तितलियाँ रूप पर भरमाती हैं, इठलाते पुष्पों से
गुलाल लगवाती हैं,

वनदेवी सज गयी है ओस कणों से, हो रहा है श्रृंगार धरा का
जीवन माणिक्यों से,

अंतस्तल में उठती हिलोरें शांत नहीं हो रहीं, रंग बिरंगी
रचनाएँ कामदेव का धनुष बनीं.

वर्षा के कणों ने वसुधा को सजा दिया, बादल भी इस उपमा
पर गर्व से मुस्का दिया.

#3 आखिर वर्षा क्यों आती है?

बादल के सीने से निकलकर, प्यासी और सूखी धरती पर,
बाँध तोड़ जब आती है,

आखिर वर्षा क्यों आती है?

क्या उसका प्रीतम बसता है भूमण्डल पर, फिर क्यों होती है
वह चंचल इस धरती पर?

दोनों का जब मिलन हुआ, सौंधी सी खुशबू,

बिखर पड़ी आँगन में करके मन बेकाबू.

दोनों का जब हृदय मिला तब सारे उपवन, फूलों से लद गया
पृथ्वी का हर इक कण-कण.

तभी मुझे संदेह हुआ प्यासी वर्षा पर, कैसे वह इक वर्ष यूँ
ही रुक पाती है?

आखिर वर्षा क्यों आती है?

पूरे एक बरस तक बन कर एक विरहणी, कैसे प्रीतम को
मिलने जाती हो बहनी,

यह पल दो पल का मिलन तुम्हारा, बन कर झरना बहता
है सदियों दोबारा,

उनकी नयी प्रीत फिर अपना रंग चढ़ा कर, फूलों को कूंची
से रंगवाती है,

आखिर वर्षा क्यों आती है?

कभी अगर बादल रो पड़ता है भूले से, वह भी शायद बिजली
    के उसको छूने से,

तब तुम टपक-टपक गिर कर, आग उगलती वसुंधरा पर,

जल जीवन को यहाँ बहाकर, हाँ अपने प्रेमी से मिल कर,

जी भर गर्जन-तर्जन कर , फिर बादल बन जाती हो,

खुद जलती हो, फिर भी तुम, सबकी प्यास बुझाती हो,

ऐसी एक घड़ी आखिर वर्षोपरांत क्यों आती है?

आखिर वर्षा क्यों आती है?

#4 मेरा देश

हरे-हरे खेतों में पीली-पीली बालियां,

मेड़ के पेड़ की झुकी हुई डालियाँ,

पोखर से जुड़ी हुई सकरी सी नालियां,

आँगन में खेलती किशोरियों की तालियां,

मस्त पवन तेज़ किरण, सूरज भी बावला,

रात में भी चमक कर, खुलने को उतावला,

ये प्रेम का प्रदेश है, यही मेरा देश है.

मंदिर की टन्न-टन्न कर बजती घंटियां,

ज्ञान की, विज्ञान की, बड़ी बड़ी पोथियाँ,

हर रस्म की, रिवाज़ की, धर्म की, झलकियां

घर की देहलीज़ पर शर्माती लड़कियां,

हर दिशा में मिट्टी की महक बसी है,

जहाँ देखो वहां ज्ञान की शशि है,

इसकी तो रीतियां सीखता विदेश है, यही मेरा देश है.

नया पेड़ ढूंढती कोयल की चहक,

अपनी धरती की चिरपरिचित महक,

सोंधी मिट्टी से मन जाता बहक,

जाड़े में जलते अलाव की धधकती दहक,

झीने घूंघट के पीछे से गोरी का चेहरा, नीला है आसमान,
     सागर है गहरा,

सभी जाति, धर्म, प्रान्त का समवेश है,

यही मेरा देश है.

#5 वसंत का स्पर्श

नाच रही है धरा, सरिताओं में जल भरा, सब कुछ कितना हरा भरा, वसंत के स्पर्श से।

दैदीप्यमान है ये रज, करते हैं, पुष्प अचरज, इस परिवर्तन को रहे समझ, वसंत के स्पर्श से।

पीले पत्ते थे रंगविहीन, सब हरीतिमा में है क्यों लीन, ये सम्पूर्ण सृष्टि हुई रंगीन, वसंत के स्पर्श से।

वन की राजकुमारी, पीली पड़ गयी थी प्यारी, फिर क्यों खिल गयी क्यारी-क्यारी, वसंत के स्पर्श से।

थे उदास जो सुन्दर टेसू, मुरझाये सुंदरी के गेसू, नाच रहे अब मचल रहे यूँ, वसंत के स्पर्श से।

तुंगभद्रा का किनारा, सूख गया था बेचारा, अब किसने है इसको तारा, वसंत के स्पर्श से।

कोयल का स्वर हो गया था गुम, कहाँ गयी पायल की रुमझुम, पड़ रही सुनाई, भँवरे की गुनगुन, वसंत के स्पर्श से।

पुष्प सूखे, वृक्ष रूखे, मस्त हो गए इस ऋतु से, वसंत के स्पर्श से।

गरम गरम हवा का शोर, पकड़ रहा था अपना ज़ोर, तभी चली शीतल पवन चितचोर, वसंत के स्पर्श से.

वसंत की होती है स्तुति, विधाता की कैसी कृति, नृत्य करती सारी प्रकृति, वसंत के स्पर्श से.

#6 नया वर्ष

जीवन का एक और वर्ष, एक नया पायदान, एक नयी फर्श,

नए वर्ष में नए इरादे, मन में कहीं जमा होते हैं,

पर अगले पल से वे भी बस स्मृतियों के खाते भरते हैं,

ये उल्लास, आह्लाद-लालिमा, ये दो पल, खुशियों की दुनिया,

अगले पल और तेज़ भागता जीवन चलता ही जाना है,

फिर आने वाले सालों का जमा-खर्च लिखते जाना है,

मैं और तुम, नव-वर्ष मनाते, सारी खुशियां घर ले आते,

धूमधाम कर, रात को भी हम, अपने साथ-साथ जगवाते,

पर इस मनोरस में भी हम भूल गए उन्हें,

जो सड़क के कोनों पर ठण्ड में नंगे बदन दुबके,

सिकुड़ते, सहमते, ठिठुरते, बिफरते,

उन्हें, जो हर वर्ष को बस भार की तरह ढोते जाते हैं,

हम तो हर दिन जश्न उत्सव मनाते हैं, वो तो महीनों के भी
    नाम भूल जाते हैं,

उन्हें अपनी ख़ुशी में बस थोड़ा सा हिस्सा देकर,

उनके दुःख को अपने जीवट में, अपने सुख को उनमें भरकर,

हम अपने ही लिए वर्ष का सबसे प्यारा तोहफा लेंगे,

इस तरह हम नए वर्ष के, ३६५ दिनों में, रोज़ नयी एक ख़ुशी को, मन के अंदर तक महसूस करेंगे.

#7 ठहरा हुआ शहर

कल शाम, रूठ कर चहल पहल से; आस पास की आबो हवा
    के घुलते हुए ज़हर से

सोचा घर की देहलीज़ पर बैठें, अपने शहर की मिट्टी से लिपट
    कर सांस लें

शहर बदला नहीं है बिलकुल, है वही भीड़, वही रिक्शाओं का
    जमावड़ा

वही प्लेटफार्म पर बेख़ौफ़ कूड़ा डालते लोग, वही स्टेशन पर
    बना, गायों की बसर का ठिकाना

लग रहा है किसी ने रोक दिया हो समय की सुइयों को या
    फिर खुद ही ठिठक गया मेरा शहर

आते हैं, जाते हैं बाशिंदे कई अलविदा कहता है हमेशा ये
    ठहरा हुआ शहर

हवा में वो अजीब सी बेचैन उमस, भूखा सूरज जो उगलता
    है धूप के गोले

सड़क पे दौड़ती बसों के नंबर अभी भी ज़ुबानी याद हैं मुझे

सड़क के आगे उस गन्दी नहर में अब भी नहाते हैं बच्चे

और अभी भी बिजली कई घंटों नहीं आती है

अभी भी बाजार में बिकती हैं नकली घड़ियाँ, इत्र, जूते

और संकरी गलियों से चलकर सड़कों की दूरी आधी हो
जाती है

लोग कहते हैं परिवर्तन है जीवन का नियम फिर क्यों नहीं
सुनता ये बहरा हुआ शहर

अपनी समझ के दायरों से ऊपर नहीं देखता; खुश है खुद ही
में इतना, ठहरा हुआ शहर

रोज़ रोज़ भागते दौड़ते हुए, गति के नियम से चलती
ज़िन्दगी में

थक जाते हैं मूल आदर्श और धारणाएं, अक्सर रुक कर
पूछती हैं रोज़ अपने आप से

इस अभिशप्त प्रतिस्पर्धा में क्यों हिस्सा ले रहे हैं हम

संतुष्ट थे हम अपनी उस ठहरी हुई दुनिया में; और अब चाह
कर भी ठहर नहीं पाते हम

भला लगता है मुझको; रेंगता हुआ शहर

जहाँ ना चलने की जल्दी है ना लौटने का इंतज़ार

जहाँ उम्मीदें लगाने से पहले सोचना नहीं पड़ता

और जहाँ आस पास का बदलाव, तोड़ता नहीं आपको

ऐसे शहर में बची रहती है पहचानें अपनी

और आपको खुद पे यकीन दिलाता है

ठहरा हुआ शहर.

इच्छाएं और अनुभूति

#1 आस, आशा, आस्था

ख्वाब हूँ तुम्हारी आँखों का

जब पलकों को झुकाते हो तुम

तब कहीं गहन अंधकार से

निकल कर, तुम्हें छू जाती हूँ मैं

फिर भर देती हूँ सपनों में

रंगों के अनेक धागे,

जिन्हें बुन कर तुम अपनी कल्पनाएं बनाते हो

मैं अनंत हूँ, अनश्वर,

तुम्हारा सृजन होने से पहले भी मैं वहीँ थी

तुम्हारे उस नन्हे से अदृश्य हृदय में धड़कती हुई

तुम्हारी विश्व को जानने की जिज्ञासा में लिपटी हुई

तुम्हारे हर मंतव्य को समझती हुई

मैं नयी कृतियों से परिचय कराती थी तुम्हारा

फूलों की पंखुड़ियों की नरमी

और सूरज की तपती गर्मी का नज़ारा

मैं तुम्हारी सोच में हूँ

निष्पक्ष से संतोष में हूँ

मैं तुम्हारी कल्पना के हर नए अभिषेक में हूँ

मुझको ढूंढो, मुझको खोजो

मैं जीवन स्त्रोत हूँ तुम्हारा

मुझ पर ही तो है आधारित

हर एक परिश्रम तुम्हारा

ताप जितना है हृदय में

उतना मुझको चाहते हो

आशा हूँ मैं, आस्था में,

मैं भरोसा हूँ तुम्हारा

#2 नवजीवन

समय की इस आपाधापी में, जीवन अनियंत्रित घोड़े सा

भागा करता है रोज़ाना, मुझको देता है उलाहना

अब चल तू भी, बाँध ले बिस्तर, उठ कर संग्रह कर ले जीवन

मृत, प्राचीन स्मृतियाँ छोड़, जीवन चल नवजीवन ओर

जीवन मृत्यु है खेल अनोखा, मानव कब समझा ये धोखा

माटी और मानव का रिश्ता, है सदियों से चला आ रहा

माया और मोह के बंधन, बांधेंगे मन को अंदर तक

पर तू इनके बंधन तोड़, जीवन चल नवजीवन ओर

बहुत जटिल है प्रेम पहेली, रिश्तों की सीमाओं में ये

कसती है जीवन की वेणी, और जब कोई तारा बन के

खो जाता है नील गगन में, मन ढूँढा करता है उसको

सपनों के अभ्यारण्य में, पर अब इन मृगतृष्णाओं के

नए छलावों से मूँह मोड़, जीवन चल नवजीवन ओर

#3 संग्राम

ना रोको चलता मन मंथन

ना रोको चलता स्पंदन

दिल को दिमाग से भिड़ने दो,

संग्राम हृदय में चलने दो।

गर रोकोगे इस लावे को, तो और और ये भड़केगा,

बाँधोगे जितना पानी को, वो उतना ही बाँध को तोड़ेगा,

अक्षर दर अक्षर लिखने दो, विराम कहीं न लगने दो,

संग्राम हृदय में चलने दो।

जो कुछ भी चुभता तुमको हो, उसको यूँ ही ना भुलवा दो,

कह डालो हर उन भावों को, जो रुक रुक तुमसे कहते हों,

मन को घावों को सहने दो, मरहम तब तक ना लगने दो,

संग्राम हृदय में चलने दो।

ना रोको चलते मन मंथन

ना रोको चलता स्पंदन

दिल को दिमाग से भिड़ने दो,

संग्राम हृदय में चलने दो।

#4 भूचाल के बाद

एक भूचाल आया मेरे जीवन में, और सब कुछ बिखर गया,

एक तूफ़ान आया ठहरे पानी में, छोटी नौकाओं को उलट गया,

सपनों के तार टूट गए, आशाओं के अम्बर फूट गए,

मन के सारे अरमान, अनाथ बच्चों की तरह, मन के अनाथालय में अभिभावक तलाशने लगे,

आँखों के लाल डोरे, आंसुओं की पतंग से बंधे दूर कहीं उड़ने लगे,

शायद उद्विग्न मन के साथ आकाश में,

जैसे वन की हिरणी, दुःख से तड़पे किसी व्याघ्र के पाश में.

दुःख का गन्दा पानी, सुख के सागर को करता मैला,

जैसे कहीं, किसी अंचल में, लगे आंसुओं का मेला,

मन के विचार, लज्जाशील वधू जैसे अंदर ही लुप्त हैं,

अंतस्तल के कई ज्वारभाटे, अंदर ही कहीं सुप्त हैं.

कुछ साल गए, मेरे आंसूं भी सूख गए, पर, मन की ज्वाला को वहीं जलता छोड़ गए.

फिर एक दिन, पानी की बूँदें, मन के प्रवेश द्वार से बेखटके जब अंदर आयीं,

भूचालों की मिट्टी दब गयी, छोटी नौकाएं फिर चल पड़ीं,

नैया जीवन की पार लगी, बिखरी चीज़ें एकसार लगीं,

पानी फिर शांत हो गया, और मन अशांत अब शांति खोजने लगा.

बंजर भूमि से, खुशहाली का अंकुर फूटा, फिर मान गया, जो भाग्य था रूठा,

शनैः शनैः सब शांत हो गया, भूचालों से लड़ने के लिए मेरा जीवन तैयार हो गया.

#5 युद्ध

हमने एक युद्ध किया था शुरू ज़माने पहले,

अनैतिकता के विरुद्ध, ज़माने पहले,

थे कई लक्ष्य, कई सपने, कई आकांक्षाएं,

थीं बड़ी उग्र, बड़ी खौलती सी भावनाएं,

हमने निकले जुलूस, लगाए नारे कई सारे,

पर हम सच्चाई से थे बहुत पीछे, कहने को थे आदर्श हमारे,

हमने दिए भाषण कई सभाओं में, परिवर्तन आ रहा था तो
     बस हमारी आशाओं में.

जो शीशमहल, सपनों का बनाया, टूट गया,

हमारा लक्ष्य, झूठे आडम्बरों की गठरी सा, फूट गया.

बंकिम, रविंद्र, गाँधी के विचार थे ज़रूर,

पर असलियत में हम उनसे थे बहुत दूर,

जोश था बहुत, नए खून का असर,

हम भी थे भावनाओं की महक में तर,

हम कर्तव्यनिष्ठ थे, थे कर्तव्यपरायण,

कर्मठ थे, था कर्म ही नारायण.

पर कब मोह छूट पाया है इस लोभी, कामी माया का,

क्या सोचूँ बीते वर्षों का, क्या खोया आखिर पाया क्या?

अपनी सेवा कर बैठे, हम जो थे कल समाजसेवक,

खुद ग्लानि हो रही है, हम बनें किसी के क्या प्रेरक?

पहले करो शांत अंदर को, तभी करो क्रांति और युद्ध,

पहले लड़ो, एक अलग संग्राम, अपनी ही आत्मा के विरुद्ध.

#6 प्रतीक्षा

प्रतीक्षा में कैसा सुख है, फल की राह देखने में कैसा
  कौतुक है,

क्या महत्व है उस वस्तु का, जो मिल जाती है झट से,

करना सिर्फ प्रतीक्षा, व्रत है, आने वाली आहट में,

कठिन परिश्रम, दुर्गम पथ हो, तभी तो चलने में साहस हो,

जब तक अग्नि जले ना पथ में, तब तक परीक्षा कैसे
  संभव हो?

बाधाएं तब तक ना रोकें, राह वीर सेनानी की,

वो राहें ही असली पथ हैं, मंज़िल जिनकी अनजानी.

अगर चढ़ाई कठिन ना होती, सभी नाप लेते चोटी को,

वो शिखर ही क्या जिसके लिए बाहें ना छोटी हों,

जितना ध्येय दूर जाएगा, उतना ही आनंद बढ़ेगा,

मोद और आनंद , प्रमाद लक्ष्य को बस पा लेने का,

चढ़ जाने का चोटी पर, शिखर को यूँ छू लेने का,

प्रतीक्षा में सदियों का प्रेम है, वह स्नेह जो नसों में घुला
  बसा है,

मन में थोड़ी आवश्यकता है, विनय की और संयम की,

अगर घुला हो स्वाभिमान तो, बनो स्नेही और विनम्र भी,

अगर चाहिए प्रेम किसी का, स्नेह बहुत, अतिरेक किसी का,

रुक जाओ और करो प्रतीक्षा।

ठहरो और फिर करो समीक्षा।

नापो, तोलो मर्यादाएं, स्वः विचार और संभावनाएं,

फिर संभलो, और संधान करो, प्रतीक्षा में प्रेम का भान करो,

यही तो असली पूजा है, यही लक्ष्य सम्मुख है,

प्रतीक्षा में कैसा सुख है, फल की राह देखने में कैसा
    कौतुक है?

#7 जिज्ञासा

मैं अपने प्रश्नों के उत्तर, कहाँ ढूँढूँ, किससे पूछूं,

प्रकट करूँ किसके समक्ष अपनी उद्विग्नता,

अपनी जिज्ञासाएं किस प्रकार बूझूँ?

तुम्हारी प्रस्तर मूर्ति मन को शांत कर सकती है,

पर भौतिकता के इन पचड़ों को सुलझा नहीं सकती.

यह गीता, रामायण ज्ञान भर सकती हैं,

पर मेरे अंतस्तल के द्वन्द को पार पा नही सकती.

तुम्हीं बताओ मैं अपनी इन्द्रियों के मोह से किस प्रकार जूझूँ?

कैसे छोड़ दूँ अपनी हर प्रिय वस्तु, भूल जाऊं जगत को,
        समाप्त और अस्तु?

मैं नहीं हूँ, ब्रम्ह से परे, जगत की धारा से, किनारा करे,

मैं कैसे भूल जाऊँ यह कपोल कल्पना,

मन के कमरे में अंगड़ाई लेती जल्पना,

अपनी इच्छाओं को मैं कैसे भूलूँ?

तुम शिखर पर बैठे हो सर्वोच्च ज्ञाता, और मैं चरणों में, हे
        अन्नदाता.

तुम और मैं की ये अबूझ दूरी, मैं नहीं कर सकती प्रभु पूरी,

कृष्ण अब तो बस यही आकांक्षा है, क्षितिज पर चमकने की लालसा है,

नहीं तो तुम ही बताओ मैं अपनों की अपेक्षाओं पर खरा किस प्रकार उतरूं?

मैं अपने प्रश्नों के उत्तर, कहाँ ढूँढूँ, किससे पूछूं?

#8 स्वार्थ

अपने सफ़र के इक कगार पर आकर, अक्सर आपको यह महसूस होता है,

की इतनी दूर का सफ़र, यह थकान यह फ़िकर,

किस काम की थी आखिर, जब निर्णय मिलना था वही,

नीचे सारा जहां और ऊपर सिर्फ़ सिफ़र.

जब आपको लगता है की दूसरों के लिए सोचने का डंका ना बजने पर, आपके हाथ बस स्वार्थ का तमगा आया,

जब अपने प्रयासों के बदले में आपने बस अविश्वास पाया.

आप खुद को जोड़ना भी चाहते थे पर लोग आपका अवकलन करने पर तुले थे,

आप सोच रहे होंगे वो मोड़ जब आपके लिए सारे क्षितिज खुले थे.

पर आपने सीधी राह की जगह टूटा पल चुना,

पर किसी ने पूछा नहीं की आपने ऐसा क्यों किया?

नतीजा, ना तारीफ ना शाबाश का एक लफ़्ज़ सुना,

आप डूबते रहे पर किसी ने हाथ तक ना दिया.

सो आज सोचने की बात यह है कि, क्या ज़रुरी है ढोल पीटना?

दिखावे के गीतों से भीड़ खींचना?

श्रम कि क्या कद्र है दुनिया में आप ही सोचिये?

आप अनुमान कि हदों को हद तक नोचिये.

पर जब तक आप तमाशा लगा कर संवेदनाओं कि झांकी नहीं सजाते,

लोगों को चाहे झूठ बोल कर भी यह नहीं दिखाते,

कि आप यह सब उनके लिए कर रहे हैं, उनके लिए यह लड़ाई लड़ रहे हैं,

वो सिर्फ अपने खोलों में दुबक कर तमाशा देखेंगे.

आपकी हार पर अफ़सोस और जीतने पर खामोश रहेंगे.

स्वार्थ कि उस माप पर सबसे ऊँचे अगर आप हैं तो?

यह बतलायें कि वह दानी लोग, जो आपसे सिर्फ उम्मीद लगाते हैं,

उसे पूरा करने में कोई साथ नहीं निभाते हैं,

और पूछने पर अपने कथित त्यागों की सूची गिनाते हैं,

स्वार्थ की उस माप पर कहाँ खड़े रहते हैं?

ये वही लोग हैं जो आपको स्वार्थी कहने से कभी नहीं डरते हैं.

#9 चुनौती

हिमखंड बना कर जीवन को यूँ पल पल कसमस करने दो,

जो पल बेकार गंवाए थे, जीवन में वापस भरने दो।

इतने तड़पाओ इच्छाएं वह बन कर भाप उबाल जाएँ,

अरमानों को सीमा पर कसो, पल भर में निर्बल साँसों को,

इक श्रम की फूंक से जीवित कर, एक घमासान सा चलने दो।

अपने पैरों के नीचे कि, पृथ्वी को ही अपना समझो,

है पास जो वो है वर्तमान, बाकी सब बस सपना समझो।

अब भूल जाओ वह प्रेम प्यार, वह सजे हुए सरोद के तार,

अपने इस हाड़-मांस को तुम, भरसक निचोड़ डालो लेकिन,

यह याद रहे कि जीवन का इक-इक पल बड़ा कीमती है,

हर इक पल का उपयोग करो, पल-पल में दुनिया बदली है।

रातों को चंदा ना निकले, ना सबह सूर्य अंगड़ाई ले,

है शाश्वत कर्म तुम्हारा है, चढ़नी इक कठिन चढ़ाई है।

बस क्षितिज तुम्हारा लक्ष्य रहे और क्षितिज पर नैन
    सदैव रहें,

जीवन का तत्व इकट्ठा कर, आदर्शों को संग रहने दो,

यह बात नहीं है ग्रंथों कि, ना साधु और ना संतों की,

यह जीवन का कटु अनुभव है, तब ही तो सब कुछ संभव है,

जब तार सामान शरीर बने, बस ज्ञान की गंगा में ही सने.

यूँ ही जीती जाती है अक्सर, हारी हुई लड़ाई भी,

चूमी जाती है यूँ ही बस, अम्बर की ऊंचाई भी.

लांघ जाओ हर त्याग की सीमा, विषपान करोगे धीमा धीमा,

विष बनेगा अमृत, इसका वर्ण भी हिय पर चढ़ने दो,

हिमखंड बना कर जीवन को, यूँ पलपल कसमस करने दो.

#10 उसूल व अवसरवाद

उसूलों के पेड़, अवसरवादी लकड़िहारों ने काट दिए, और सिद्धांतों के पत्ते अपने अवसान को समय रहते जान गए.

अनैतिक समीकरणों का पतझड़ तो आया, और दे गया पत्तों को बुढ़ापे का पीलापन,

पर जीवन धड़कता है, अभी भी आदर्शों की जड़ों में,

कोपलें फूट रही आदर्शवादी प्रणों में.

पर लगता है खाद गलत पड़ गयी है, और कला फिल्मों की तरह उसूलों की बात, बस बौद्धिकता भर की रह गयी है.

जीवन के सिनेमाघरों में तो बस, अवसरवादिता और अनैतिकता की पटकथाओं का शोर है.

अगर नौ से बारह नैतिक चरमोत्कर्ष है तो, बारह से तीन शिखर पाने के प्रश्न हैं.

तीन से छह लक्ष्य भेदने के तरीके हैं, जो नैतिकता से कोसों दूर,

उस काई सरीखे हैं, जो पेड़ नहीं बन सकती पर ज़िंदा रहती है.

गलत ही सही, अनैतिक ही सही, पैरासाइट बनकर ही बढ़ती है.

इक्कीसवीं सदी का सबसे बेहतर नमूना यही होता होगा, काई
की हाइब्रिड से एक पेड़ उगेगा।

विचारों के मंथन में, उसूलों के शोरूम में, हर सिद्धांत बिकेगा।

कवि कविताओं में, लेखक रचनाओं में, नैतिकता के ऊपर,
कलम तोड़ लिखेंगे,

और फिर रॉयल्टी के लिए, पैसे की खातिर, परदे के पीछे,
कागज़ के ऊपर,

अनैतिक लिखेंगे मगर खूब बिकेंगे।

जनता जान ले, यह कंप्यूटर का युग है, यहाँ कृत्रिम ही सही,
दो पल का तो,

साइबरस्पेस में सुख ही सुख है।

उसूल हैं, खड़े हैं, खड़े ही रहेंगे, और मन की नुमाइश में
प्राचीन नमूना बने ही रहेंगे।

सो उसूलों के अवसान का तो प्रश्न ही नहीं है,

प्रश्न है उसूल, असलियत का क्या सम्बन्ध है?

जैसे सागर और मरुस्थल, ये दोनों उतने ही संग हैं.

मनुष्य को विकास की सबसे ऊंची चोटी पर चढ़ना है तो,

उसूलों को उखाड़ फेंकना है, सिद्धांतों के चूल्हों पर, अवसरों
की रोटियां सेंकना है।

और सुबह नौ से रात बारह बजे तक बस अवसरवादिता की
फिल्म देखना है।

#11 उदगार

अक्षर भी अगर बोल पाते, मन का लावा बाहर लाते,

स्याही के आंसूं रो पाते, यूँ ही सब दुखड़े गा पाते,

उन मात्राओं पर टिका कर सर, वह दो पल चैन से सो जाते,

अंतर्मन की अनकही व्यथा, शुभचिंतक तक पहुंचा पाते.

तो कवि ना होते इस जग में, क्योंकि कवि का बस काम ये है,

वह अपने हिय से, जीवट से, अक्षर को जोश दिलाता है,

पत्थर से पानी बाहर ला, अक्षर की कथा सुनाता है.

#12 करुणा

आजकल कई बार ऐसा होता है, राह चलते कोई हालचाल लेता है,

और मैं, चाह कर भी कह नहीं पाती कि सब ठीक है।

हाँ - सब ठीक है, मेरी दुनिया में, धुंधले सही पर सपने तो हैं मेरी मुट्ठियों में,

मगर आहत हैं वह, जो अकेले खड़े हैं, जिनके सपने उनसे विलग हो गये हैं,

करुणा के कोष सब ख़ाली पड़े हैं, हम ख़ुद को बचाने में इतने जुटे हैं।

इंसान अच्छा बनना, हमेशा कठिन था, पर वह राह चलने में कितना मज़ा था,

अब भगवान बनना है सबकी आकांक्षा, और आसान है आकाश मापना,

कभी सोचा हमने परस्पर निरंतर प्रतिस्पर्धा के कारण, कहाँ खो गई मानवता।

आजकल अक्सर ऐसा होता है, मेरे पास मात्र विलंब होता है,

विलंबित आकांक्षाओं के पूरा नहीं होने का क्षोभ भरा होता है मुझमें,

और वहीं कहीं लोग मृत्यु के आने के विलंब को कोसते हैं,

जिनके लिए जीवन के निमित्त समाप्त हो गए हैं, अनसुनी
        फ़रियादें बहरे कानों पर पड़ती हैं।

हमारे पास बस इतनी सी फ़ुरसत है, जितने में लांघने सौ
        पर्वत हैं,

अपने आरोहण में आहत क्यों करते दूसरों का मत हैं?

आजकल कई बार ऐसा होता है, मेरे अंदर कोई देर तक
        रोता है,

रोता है मेरे नितांत स्वार्थी अकेलेपन पर, दुनिया से परे मेरी
        उदासीनता पर,

अपना सुख ढूँढना किसी और के सुख में, अब शायद
        समसामयिक नहीं,

इसलिए अब आंसू निजी हैं, अट्टहास सार्वजनिक हैं,

एक दूसरे को सिर्फ़ राह का उल्लास दिखाते, हम अजनबी
        पथिक हैं।

TO MY FAMILY

WHO HAVE ALWAYS BELIEVED ON BETTING OVER

MY DREAMS ..